Dieses Buch gehört

Liebe Eltern,

wir wollen Ihr Kind beim Lesenlernen unterstützen, und zwar mit spannenden und lustigen Geschichten.

Unsere Bücher mit der liebenswerten Bildermaus begleiten Ihr Kind durch die Vorschule. Sie enthalten kurze Geschichten mit einfachen Sätzen sowie großer und leicht lesbarer Schrift. Hauptwörter werden durch kleine Bilder ersetzt. Lesen Sie die Geschichten vor und lassen Sie Ihr Kind die Bilder selbst benennen. Am Ende finden Sie eine Bild-Wörterliste mit den einzelnen Bedeutungen.
Viele bunte Illustrationen sorgen außerdem für Lesepausen und helfen, die Geschichte zu verstehen.

So wird der Spaß am Lesen geweckt, und Ihr Kind wird ganz nebenbei von der Bildermaus zum echten Leselöwen!

Ihre
Bildermaus

BilderMaus

Michael Petrowitz

Die große Fußball-Überraschung

Illustriert von Patrick Fix

Loewe

Ihre Meinung zählt!

Nehmen Sie jetzt an einer kurzen Elternbefragung des Loewe Verlags teil und beeinflussen Sie die zukünftige Entwicklung unserer Kinderbücher:

www.elternbefragung.online

Unser Kinderbuch-Newsletter bietet alle Infos zu Neuerscheinungen und tollen Veranstaltungen, exklusive Gewinnspiele und vieles mehr!

Jetzt kostenlos abonnieren: www.loewe-verlag.de

FSC
www.fsc.org
MIX
Papier | Fördert gute Waldnutzung
FSC® C109273

ISBN 978-3-7432-1177-3
2. Auflage 2024

Umschlag- und Innenillustrationen: Patrick Fix
Umschlaggestaltung: Elke Kohlmann
Vignetten Bildermaus: Angelika Stubner
Reihenlogo: nach einem Entwurf von Angelika Stubner
Printed in the EU

www.bildermaus.de

Inhalt

Wichtige Einladungen

Theo spielt mit seinen besten  Ben, Milli und Noah  im . Milli flankt den  zu Theo. Theo nimmt den  mit seiner 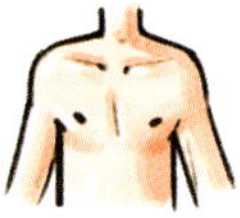 an. Er platziert den  direkt vor seinen 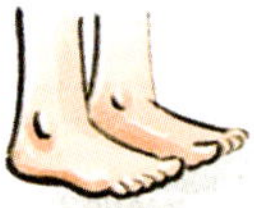. Theo bemerkt einen älteren  in einem roten .

Der  steht neben einer 

und beobachtet sie. Theo ist

abgelenkt. Ben stürmt auf Theo

zu wie eine . Er will Theo

den  abnehmen.

Theo täuscht einen  nach

außen an. Er spielt den 

zwischen Bens  hindurch und

drängt nach vorne. Noah springt

hin und her wie ein .

Doch Theo zieht an Noah vorbei und

schießt. Der  streift Bens ,

die als  auf dem  liegt.

Aber der  ist drin. „Juhu! Das

war ein !“, jubelt Milli.

Aus der  sind ein paar 

gefallen. „Ich möchte euch zu

meiner  einladen! Weil

am 

mein 

ist“, verkündet

Ben aufgeregt. Er reicht jedem eine

der 

.

„Gut, dass du das  geschossen

hast“, sagt Ben zu Theo. „Sonst

hätte ich die 

vergessen!

Kommt ihr zu meiner  ?“

„Na klar!“, antworten Theo, Milli

und Noah im .

Plötzlich steht der ältere 

mit dem roten  vor ihnen.

„Guter  !“, lobt er Theo.

„Spielst du schon in einem  ?“

Theo schüttelt den  .

„Nein, leider nicht.“ – „Komm doch

morgen zu unserem  !“, sagt

der . „So einen tollen  wie

dich können wir gut gebrauchen.

Ich heiße Vinz. Ich bin der 

vom FC Dribbel.“

Der FC Dribbel

Theo geht zum  beim FC Dribbel. Es warten schon viele  und  auf dem . Vinz, der , ist auch da. „Hallo, Theo!“, ruft er. „Du kannst gleich mitmachen. Schnapp dir einen !“ Vinz stellt ein paar  auf.

Theo und die anderen  sollen den  um die  herumführen.

„Und jetzt bis zum  dribbeln und dann flanken!“, ruft Vinz über das .

„Theo, du spielst mit Oleg!“

Theo schießt den  quer über

das . Der  landet genau

vor Olegs 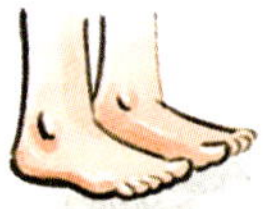. „Perfekt platziert“,

lobt Oleg.

Nach dem  mit den 

sollen die  auf ein 

schießen. Theo ist dran. Er lupft

den  über den  hinweg.

Aber er prallt am  ab.

„So ein  !“ Theo stampft wütend mit dem 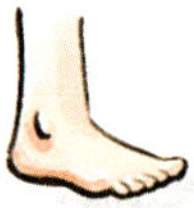 auf den . Ob er trotzdem in der  spielen darf?

Vinz bittet Theo nach dem 

zu sich. „Du hast gut gespielt,

Theo. Ich würde dich gerne in

unsere  aufnehmen." Theo

sagt sofort zu. Vinz lacht.

„Prima! Dann bekommst du gleich ein !“, sagt er. „Wir haben schon am  ein wichtiges  um einen . Bist du dabei?“

Theo nickt begeistert. „Na klar!“, antwortet er stolz.

Vorfreude

Theo denkt nur noch an das bevorstehende . Das schöne  würde er am liebsten nie wieder ausziehen. Plötzlich fällt ihm Bens  ein. Er schaut auf die 

. Oh nein! Bens  ist auch am 

.

„Ich kann leider nicht zu Ben

gehen“, sagt Theo seiner Mutter.

„Ich muss bei dem 

unbedingt mitspielen.“

Am nächsten  im 

flüstert Theo zu Ben: „Du, Ben, ich muss dir etwas sagen. Es ist wegen deiner .“ Ben flüstert aufgeregt zurück: „Die  wird ganz bestimmt super!“

Er bekommt glänzende .

„Es gibt  und , so viel

man will! Freust du dich schon?“

Theo nickt und schaut betreten

in sein .

„Und was wolltest du mir sagen?“, fragt Ben leise. „Ach, nichts!“, stammelt Theo. Er traut sich nicht abzusagen. Er befürchtet, dass Ben böse auf ihn wird. Also löst er weiter seine 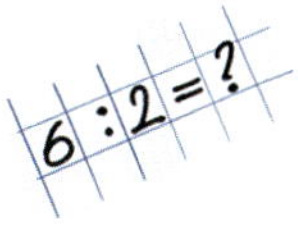

.

Der Pokal

Als Theo am 

auf dem  im  steht,

grummelt es in seinem . Und

sein  tut ihm weh. Bestimmt

warten Ben und die anderen schon

auf ihn. Theo spielt schlecht.

Seine  liegt 0:1 zurück.

„Du spielst wie eine lahme  !“,

schimpft Oleg. Der  pfeift

die erste  ab. Vinz bemerkt,

dass etwas mit Theo nicht stimmt.

„Was geht dir durch den ,

Theo?“

Theo erzählt von Ben und der .

Vinz zückt sein  und reicht es

Theo. „Du musst deinen 

anrufen“, sagt Vinz. Theo nimmt

das  und wählt Bens 

.

„Hallo, Theo! Wo bleibst du?“,

fragt sein  Ben. „Wir warten

schon auf dich!“ Theo antwortet

zerknirscht: „Tut mir leid! Ich kann

leider nicht kommen. Ich bin

im .“

Dann beichtet Theo Ben alles.

„Schade!“, sagt Ben. Aber Ben ist gar nicht böse, nur ein wenig traurig. „Ich wünsche dir einen ganz besonders schönen , Ben!“, sagt Theo.

Der  pfeift die zweite  an.

Theo ist erleichtert. Jetzt hat er

den  wieder frei. Theo stürmt

nach vorne. Er bekommt den .

Er flankt zu Oleg. Der steht genau

im . Oleg schießt.

Der  fliegt am  vorbei

und landet direkt im 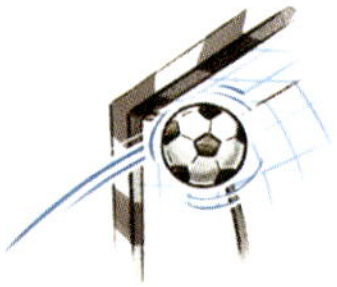 .

„1:1“, verkündet der  .

Da entdeckt Theo seine 

am  .

Ben, Milli und Noah sind ins 

geeilt. Ben hat sogar seinen 

und  mitgebracht. Sie

feuern Theo und dessen 

an. Theo strahlt.

Seine  stürmt wieder nach

vorne. Oleg passt zu Theo. Theo

schießt direkt aufs . Der 

stoppt den  mit den .

Der  kullert in den .

Theo spurtet nach vorn und setzt

nach. Der  kann den 

nicht halten. Die  jubeln.

„2:1 für den FC Dribbel!“, verkündet

der . Der  pfeift ab.

Theo und seine  haben

den  gewonnen. „Für Ben!“,

ruft Theo und hält den Pokal hoch.

„Zum , lieber Ben, zum 

viel ...“, singen die  im .

Ben, Milli und Noah stürmen

aufs 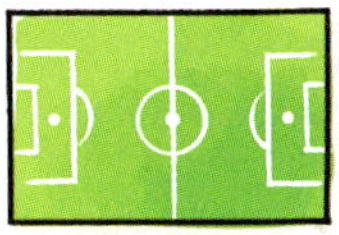 und umarmen Theo.

„Danke, Theo!“, sagt Ben und

strahlt. „Das ist wirklich eine

schöne und ganz besondere  !“

Die Wörter zu den Bildern:

Freunde

Fußball

Park

Ball

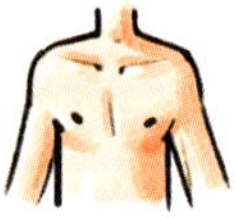
Brust

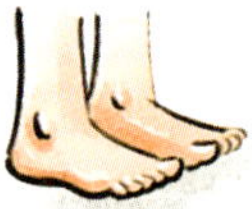
Füße

Junge

Trainings-
anzug

Hecke

Lokomotive

Schritt

Beine

Hampelmann

Jacke

Torpfosten

Rasen

Tor

Einladungs-
karten

Geburtstags-
feier

Samstag

Geburtstag

Chor

Schuss

Verein

Kopf

Training

Spieler

Trainer

Jungen

Mädchen

Fußballplatz

Hütchen

Kinder

Spielfeldrand

Spielfeld

Torwart

Mist

Mannschaft

Trikot

Fußballspiel

Pokal

Morgen

Mathe-
unterricht

Augen

Zuckerwatte

Eis

Heft

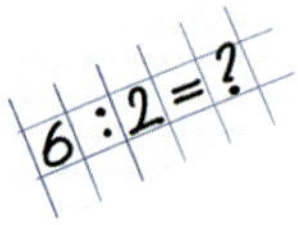

Mathe-
aufgaben

Fußball-
stadion

Bauch

Ente

Schiedsrichter

Halbzeit

Handy

Nummer

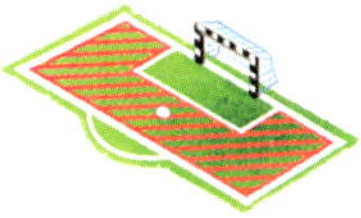

Strafraum

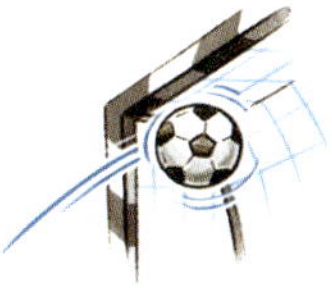

Dreiangel

Stadion-
sprecher

Geburtstags-
kuchen

Fäuste

Torraum

Zuschauer

Glück

Michael Petrowitz hat im Erscheinungsjahr dieses Buches (2022) schon 49-mal seinen Geburtstag gefeiert, meist in Berlin, wo er auch geboren ist. Zu diesen Festtagen schmecken ihm cremige Schokoladentorten mit Blaubeerpudding am besten. Die restliche Zeit des Jahres schreibt er Bücher, weil er sich so darauf freut, diese vorzulesen. Seine Lieblingsposition im Fußball ist Libero. Was es sonst noch über ihn zu erzählen gibt, erfährt man unter www.michaelpetrowitz.de

Als Kind wollte **Patrick Fix** Meeresforscher oder Tierfilmer werden. Doch dann folgte er seiner anderen großen Leidenschaft – dem Zeichnen. Nach dem Abschluss zum Grafik-Designer arbeitete er als Cartoonzeichner, Storyboarder und Design-Zeichner. Heute illustriert er fast ausschließlich Kinder- und Jugendbücher. Er lebt und arbeitet in Freiberg am Neckar und verbringt seine Freizeit am liebsten mit seiner Familie beim Wandern, Radfahren oder Tauchen.

Noch mehr Lesespaß!

ISBN 978-3-7432-1637-2

ISBN 978-3-7432-1617-4

ISBN 978-3-7432-1638-9

ISBN 978-3-7432-1636-5

Loewe
Das will ich lesen!